AF359340

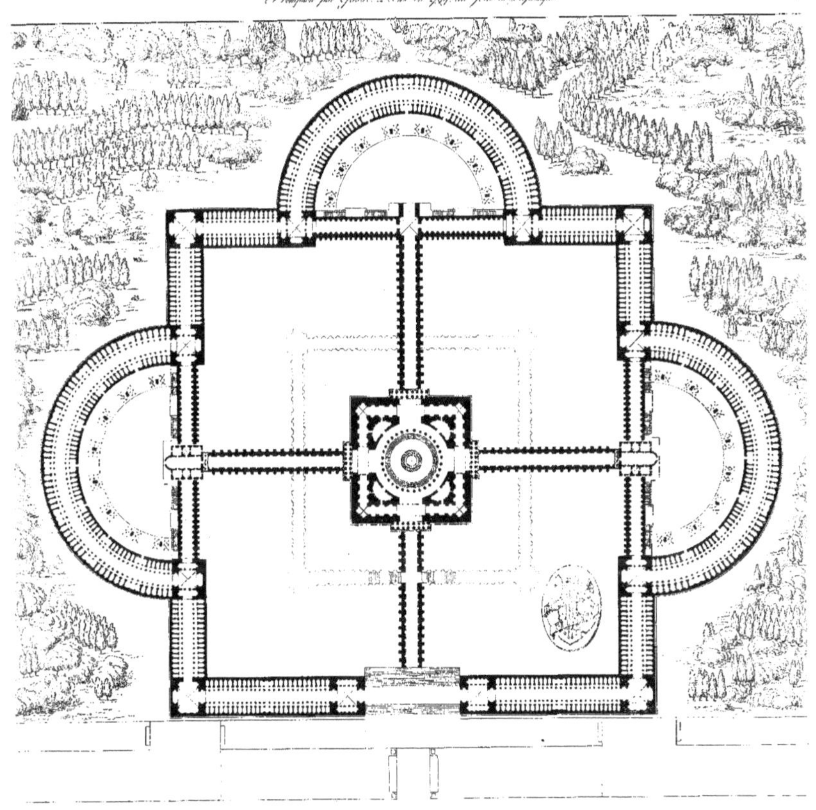
ÉLISÉE OU CIMETIÈRE PUBLIC
Sujet du grand prix proposé par l'Institut.
Composé par Gisors. L'An en 1799. An 7 de la République.
PROGRAME

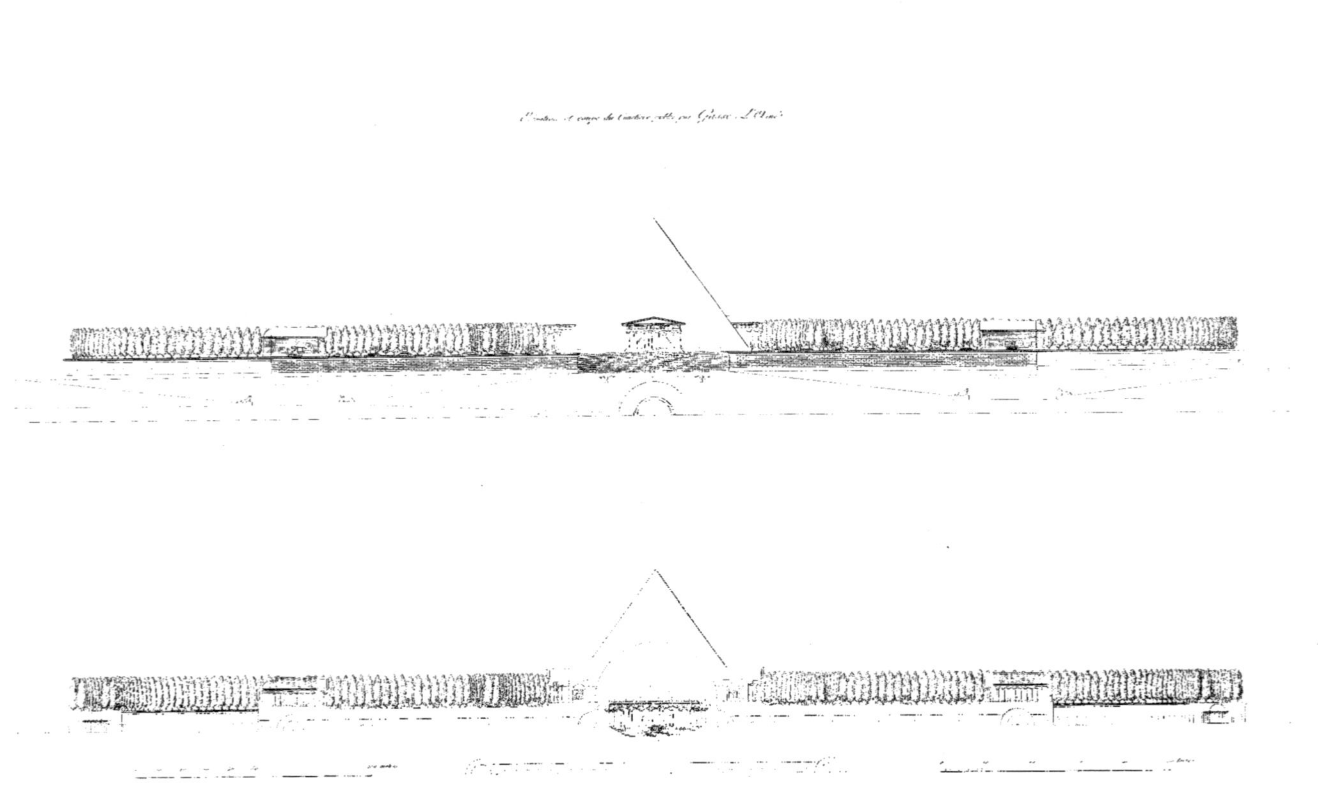

PL. XXX
Grand prix de l'an 1799 par Delannoy.
Plan général.

A. Plantations d'arbres sous lesquelles seront placées les Sépultures particulières.
B. Canal ... entourant le lieu des Sépultures.
C. Cèdres placés auprès des monumens élevés à la mémoire d'hommes illustres.
D. Monumens consacrés aux ...
E. ...
F. Escalier qui conduit au lit de la rivière.
G. Salle pour ... des ... ...
H. Galerie ... ... les corps d'hommes illustres.

I. L'ouverture des tombeaux et préparée au service de l'Église.
K. Tribune pour les cérémonies funèbres.
L. Amphithéâtre pour le peuple qui devra juger si le défunt a mérité d'être ... et déposé au temple des vertus.
M. Temple des vertus.
N. Sépultures publiques.
O. Plantations de ... à l'ombre desquels seront enterrés les ... de la ...
P. Plantations de Cyprès.

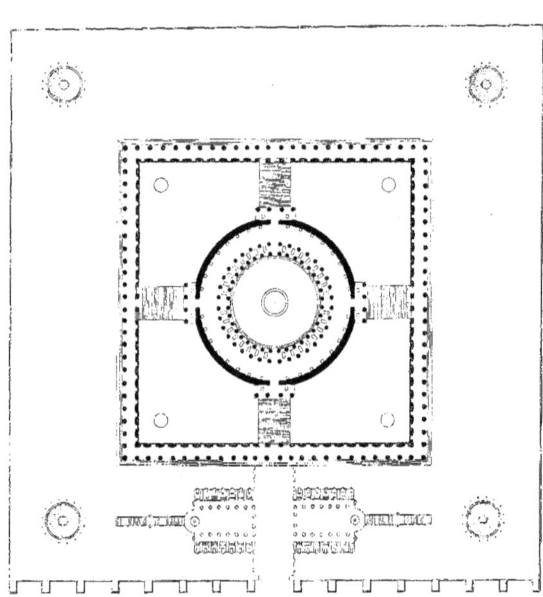

ÉLISÉE OU CIMETIÈRE PUBLIC.
Sujet du grand prix proposé par l'Institut
et composé par Giraurpon en 1799 an 7 de la République
M. l'Institut décerne cette année deux 1ers prix

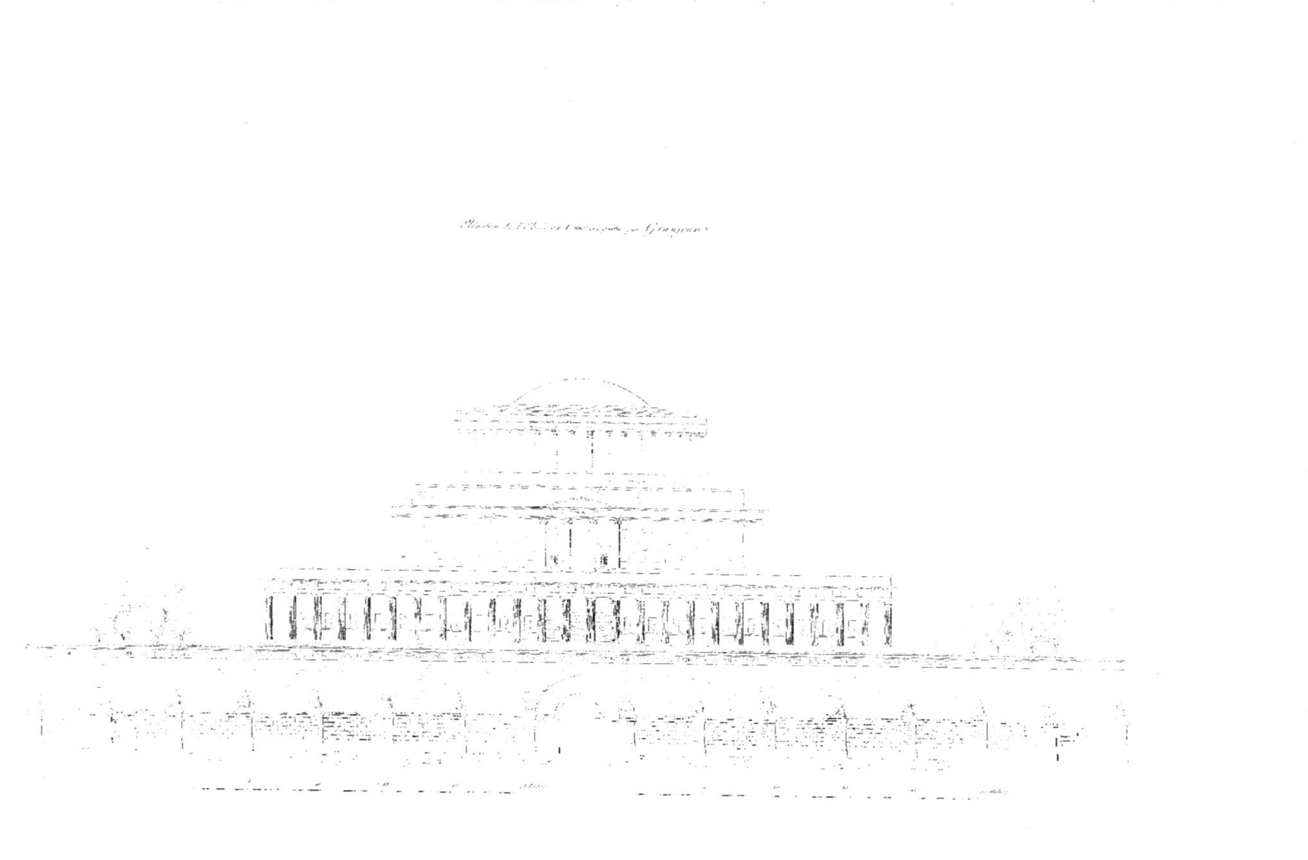

Coupe de l'Église en intérieur publié par Grimpani

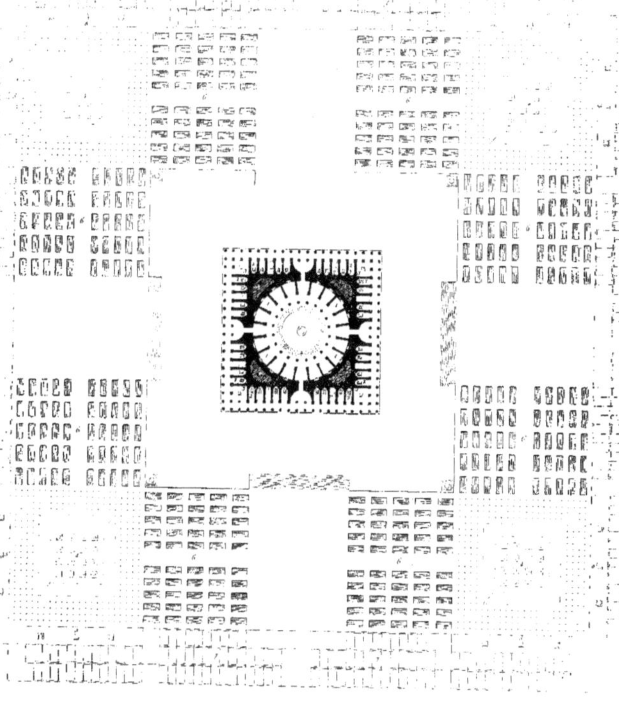

ÉLISÉE OU CIMETIÈRE PUBLIC.
2.me grand prix remporté par Guignet en 1799. l'an 7.
1. Chambres sépulcrales consacrées à recueillir les restes des hommes
   qui ont exercé les fonctions publiques avec honneur.
2. Tombeaux destinés aux hommes qui se sont illustrés par des vertus héroïques.
3. ... des archives et lieux destinés à déposer momentanément
   ... caractéristiques des morts avant leur inhumation.
4. Sépultures particulières entourées de Cyprès.
5. Tombeaux destinés aux hommes qui
   se sont distingués par des vertus civiques.
6. Sépultures publiques.
7. Rampes pour l'arrivée des convois et pompes funèbres.

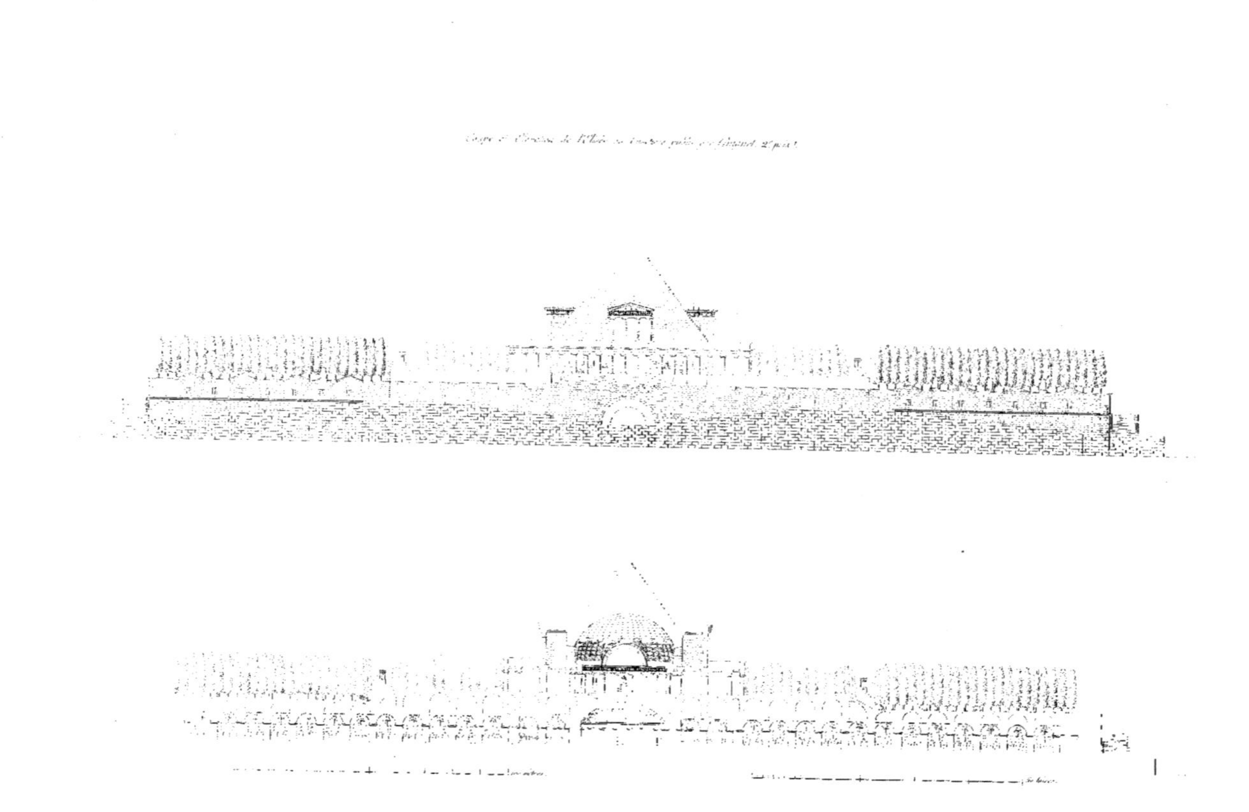

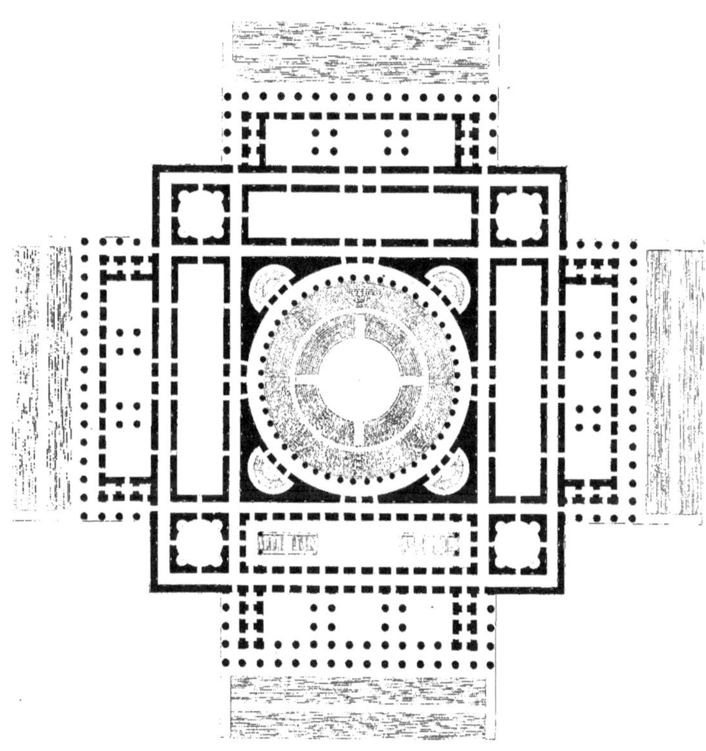

ÉCOLE NATIONALE DES BEAUX ARTS
Sujet du grand prix proposé par l'Institut et remporté par
Vaillet en 1800. (l'An 8e de la République.)

PROGRAME
Cet Édifice contiendra une grande Salle capable de recevoir neuf à dix mille personnes et destinée
à proclamer et distribuer les récompenses Nationales qui auront été décernées dans les différens concours.
Il y aura des Salles pour l'Exposition des Ouvrages, une partie distincte de l'Édifice renfermera les
pièces propres à l'étude des beaux Arts et une Bibliothèque pour le même objet. Les diverses parties
seront toutes entre elles et communiqueront par des galeries.
Ce Monument est susceptible de la décoration la plus Noble et la plus imposante, ou est libre de donner à
l'ensemble de l'Édifice telle forme que l'on voudra en se conformant dans ce qui suit aux règles de proportion.

Élévation de l'École actuelle des Athènes ... par Vaudoyer.

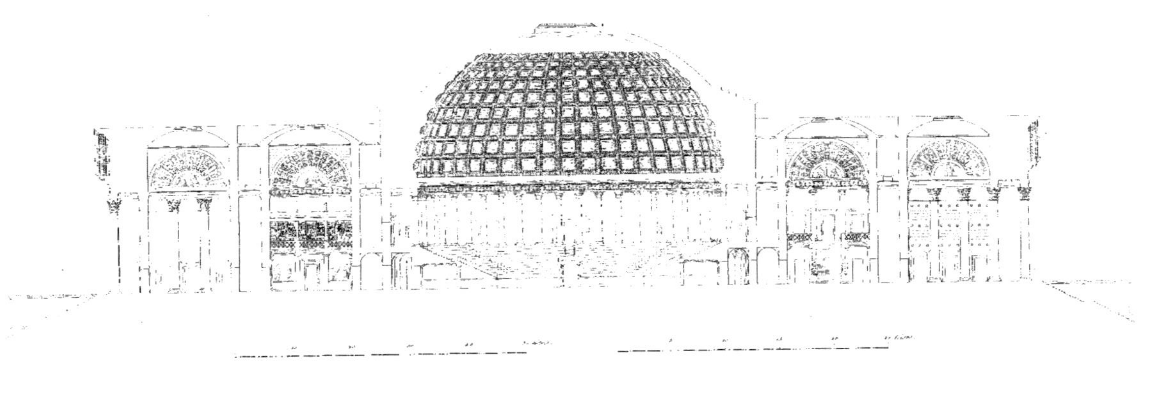

Coupe de l'École nationale des beaux arts, par Mellot.

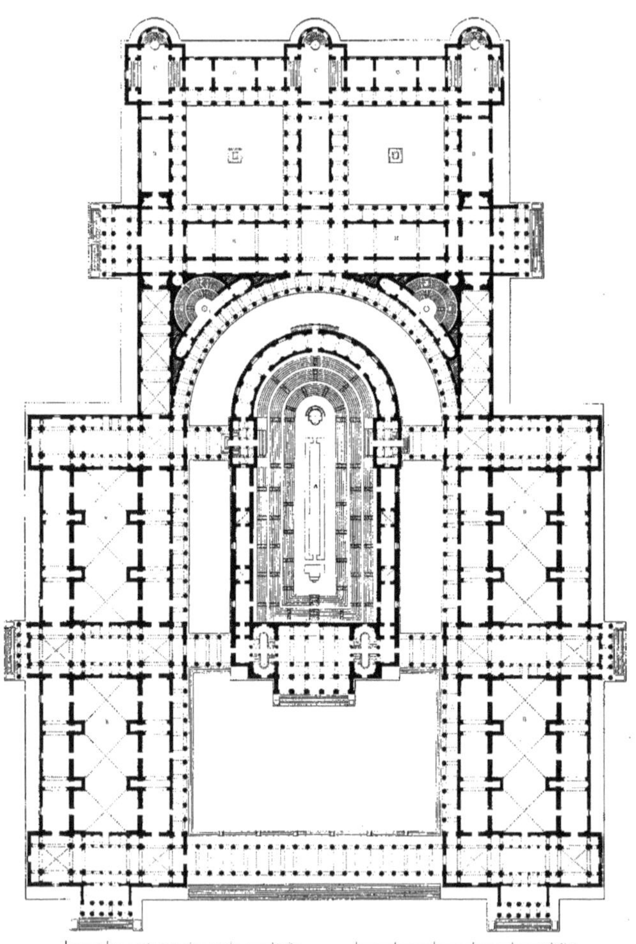

ÉCOLE NATIONALE DES BEAUX ARTS.
A. Salle d'assemblée publique.
B. Salle d'exposition des ouvrages qui auront remporté les prix.
C. Salle d'étude pour la peinture, la sculpture et l'architecture.
D. Salles des concours.
E. Amphithéâtre pour l'étude du modèle vivant.
F. Amphithéâtre pour l'étude de la bosse.
G. École de trait, salle de mathématiques et pierre de taille.
H. Bibliothèque de l'établissement.

Élévation de l'École nationale des Beaux-Arts, par Ménager.

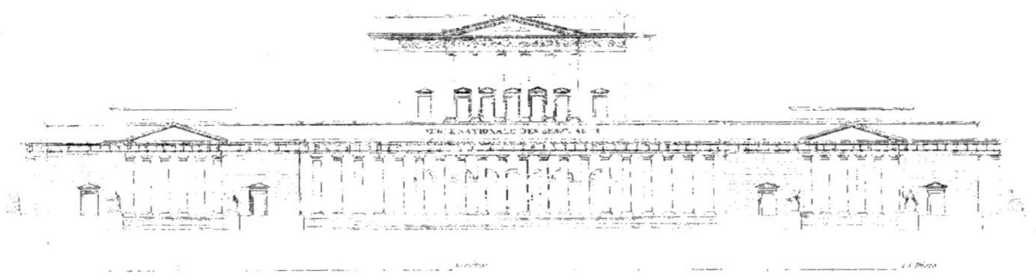

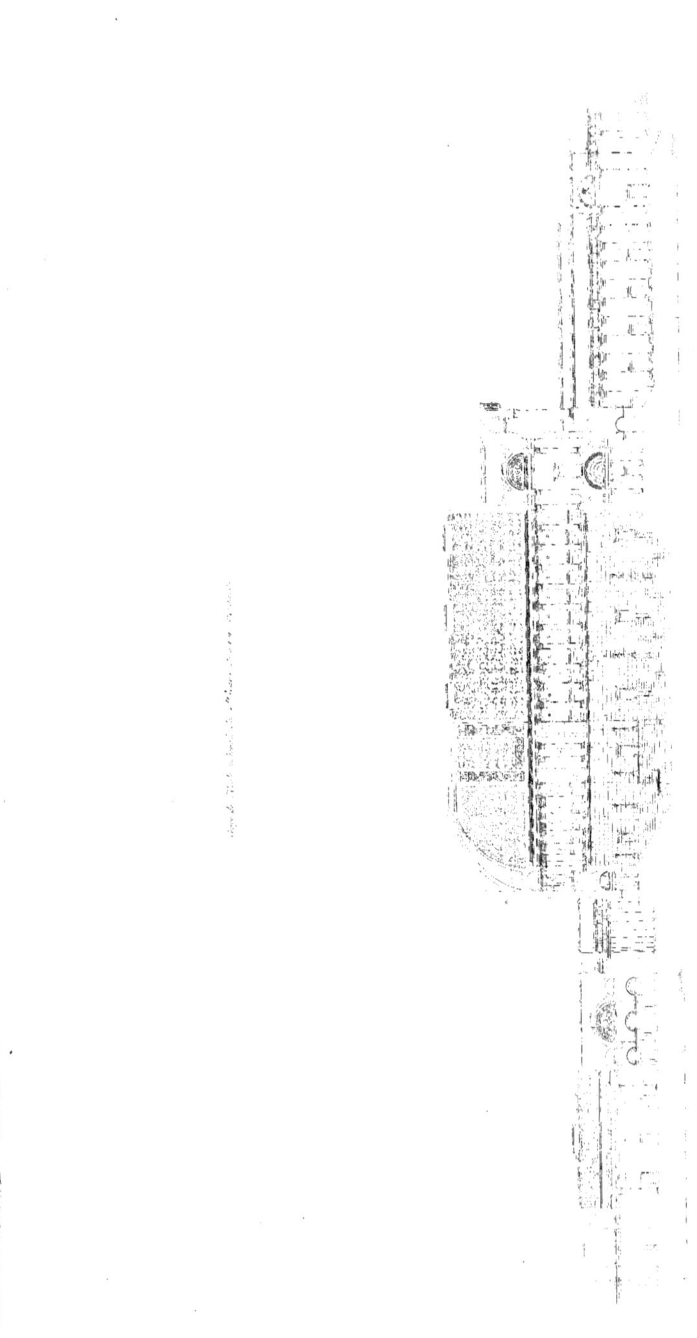

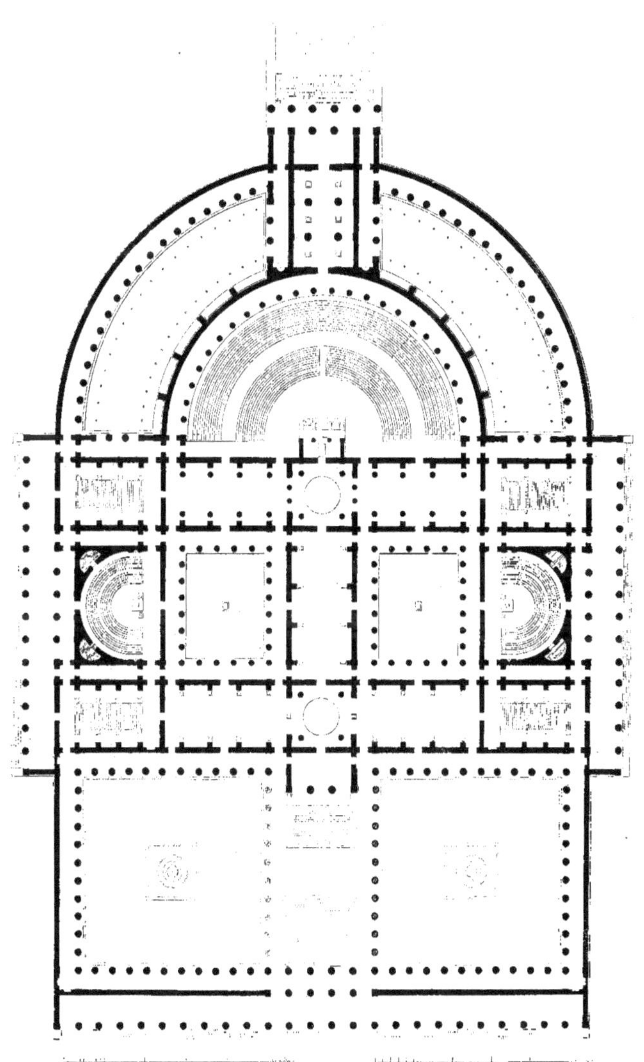

ÉCOLE NATIONALE DES BEAUX-ARTS

Élévations de l'École n.le des Beaux Arts, par L'Hôteleur 2.er prix.

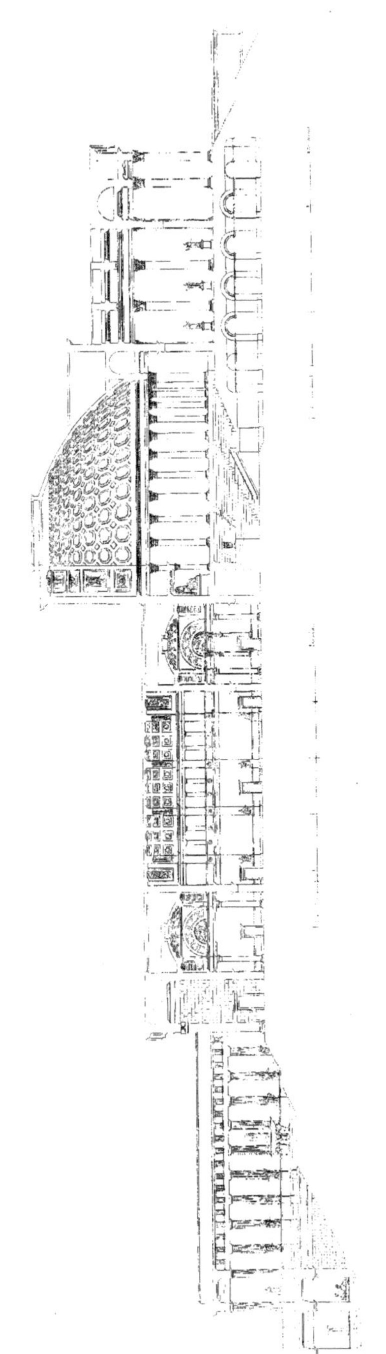

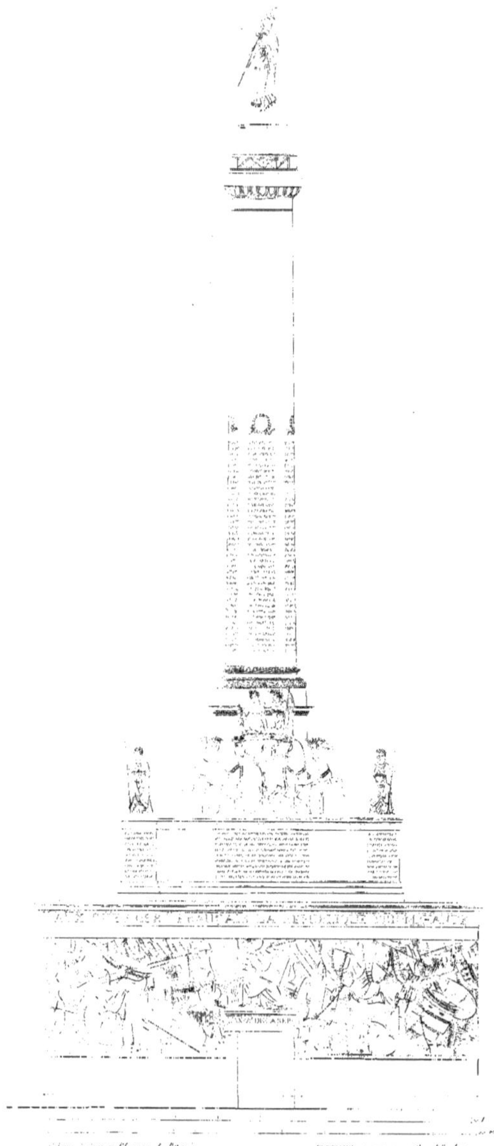

Coupe de la Colonne d'Ulhou.

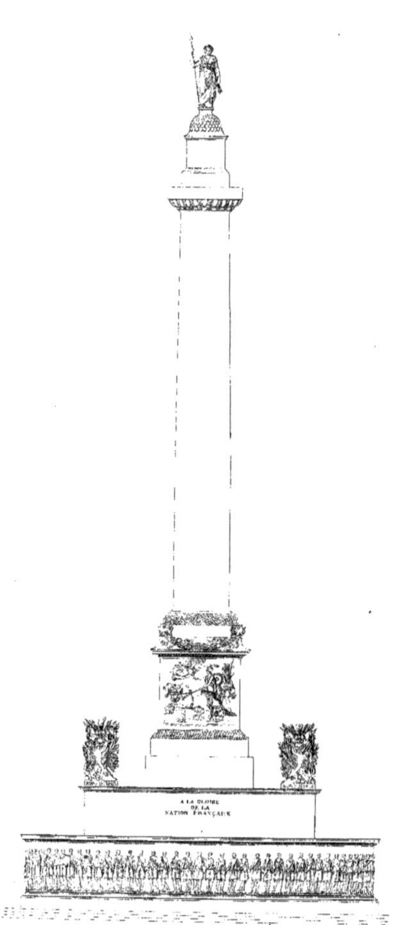

Élévation de la Colonne Nationale par Moreau.

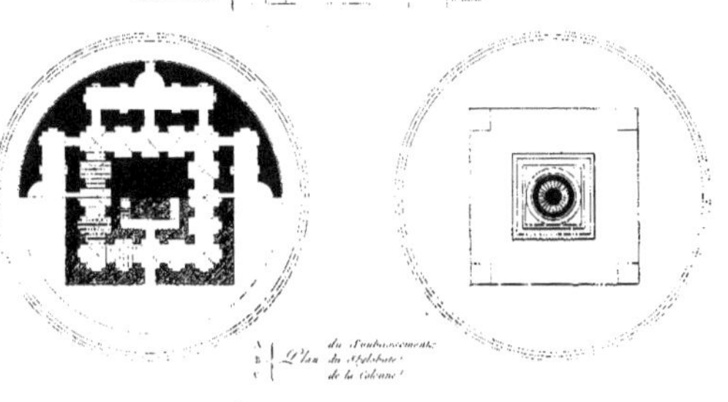

Plans et coupe de la Colonne nationale, par Moreau.
C'est concouru dans le concours public ouvert par le Gouvernement,
en 1800, L'an 8 de la République.

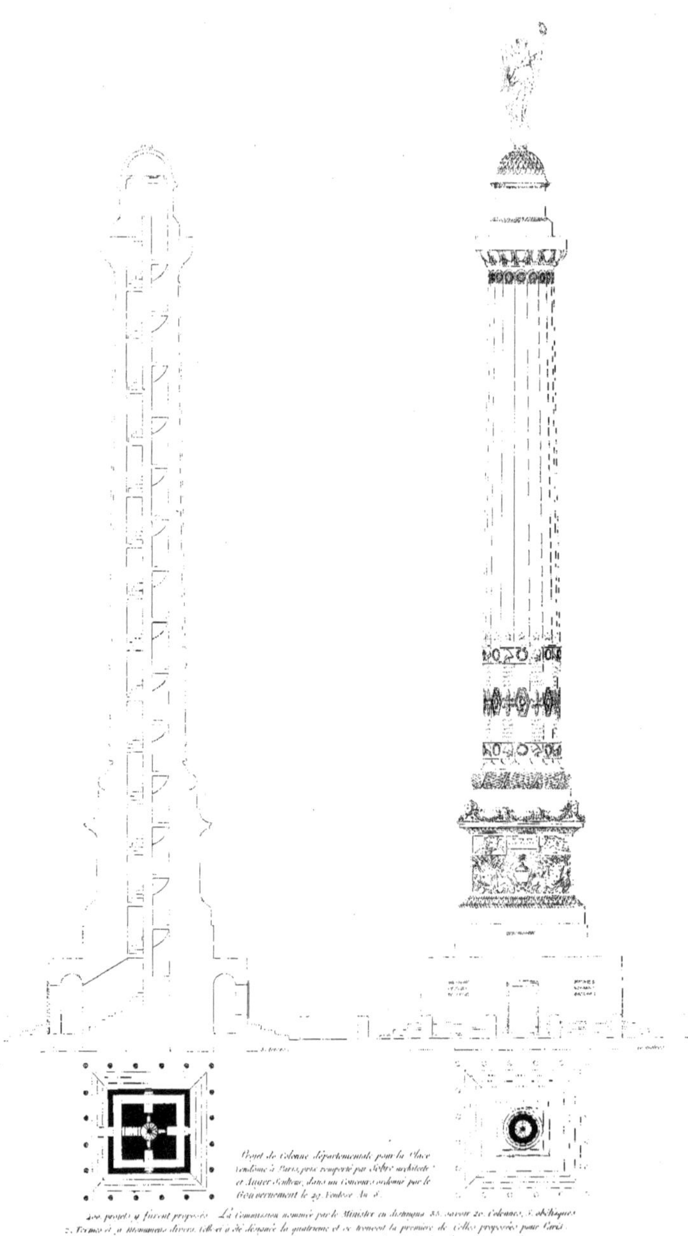

Projet de Colonne départementale pour la Place
Vendôme à Paris, prix remporté par Sobre architecte
et Auger Sculpteur, dans un Concours ordonné par le
Gouvernement le 29 Vendose An 8.

Acqueduc, sujet d'un prix d'émulation remporté
par J. A. Alavoine en février 1803. An 11.

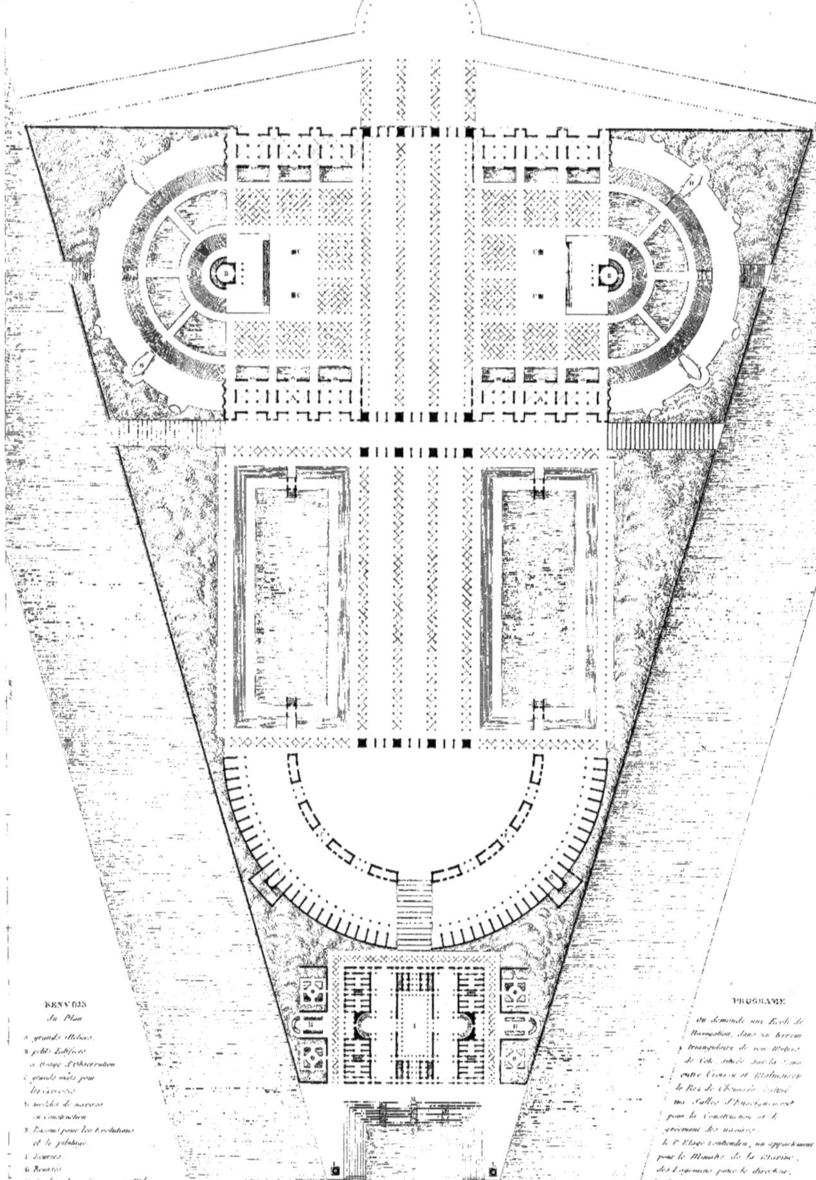

École de Navigation, Prix d'Émulation remporté par M. Lebas, en floréal An 8, 1800.
RENVOIS
Au Plan
A grands ateliers
B petits édifices
a Champ d'Observation
C grands mâts pour les manœuvres
b modèles de navires en construction
Y Bassins pour les évolutions et le pilotage
I Écuries
G Remises
H Jardins de professeurs et d'élèves
I Bâtiment principal
i colonnes servant de fanaux
X Jardins pour les fêtes navales
Z Barre
PROGRAMME
On demande une École de Navigation, dans un terrain triangulaire de nos Mœurs de côté, située sur la Seine entre Courcelles et Malmaison. Le Rez de Chaussée contient une salle d'enseignement pour la construction et le gréement des navires. Le 1er Étage contiendra, un appartement pour le Ministre de la Marine, des logements pour le directeur, les Professeurs anciens Élèves et un Concierge. Le 2me Étage des logements pour quelques Marins employés aux modèles ou à les conserver.

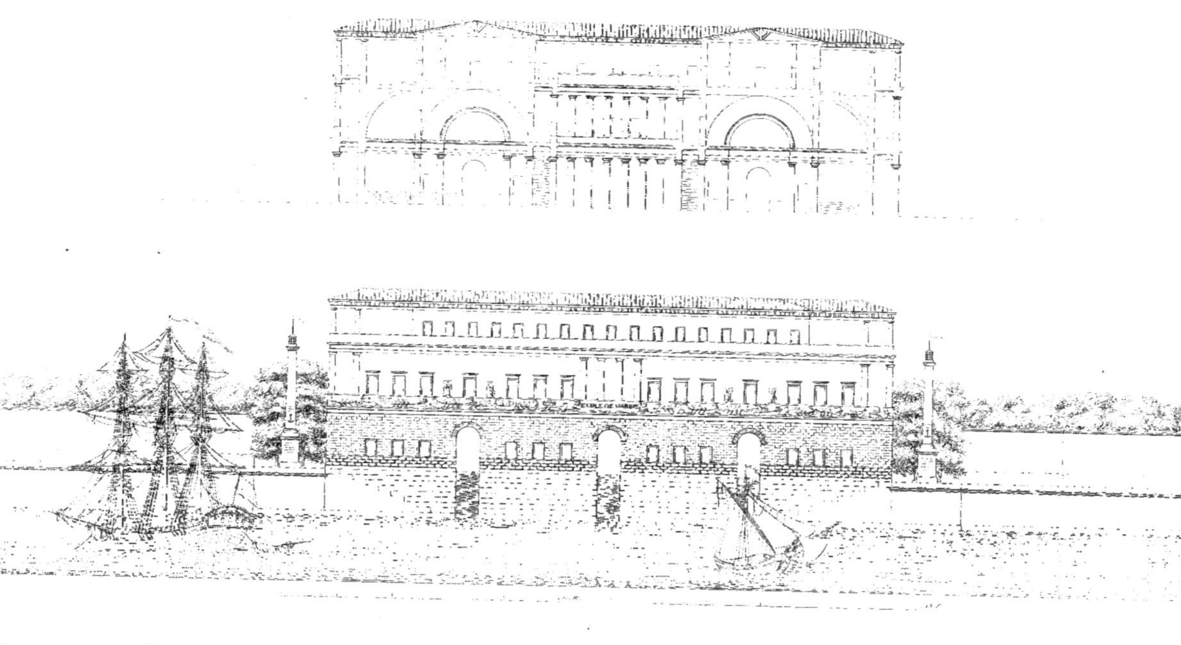

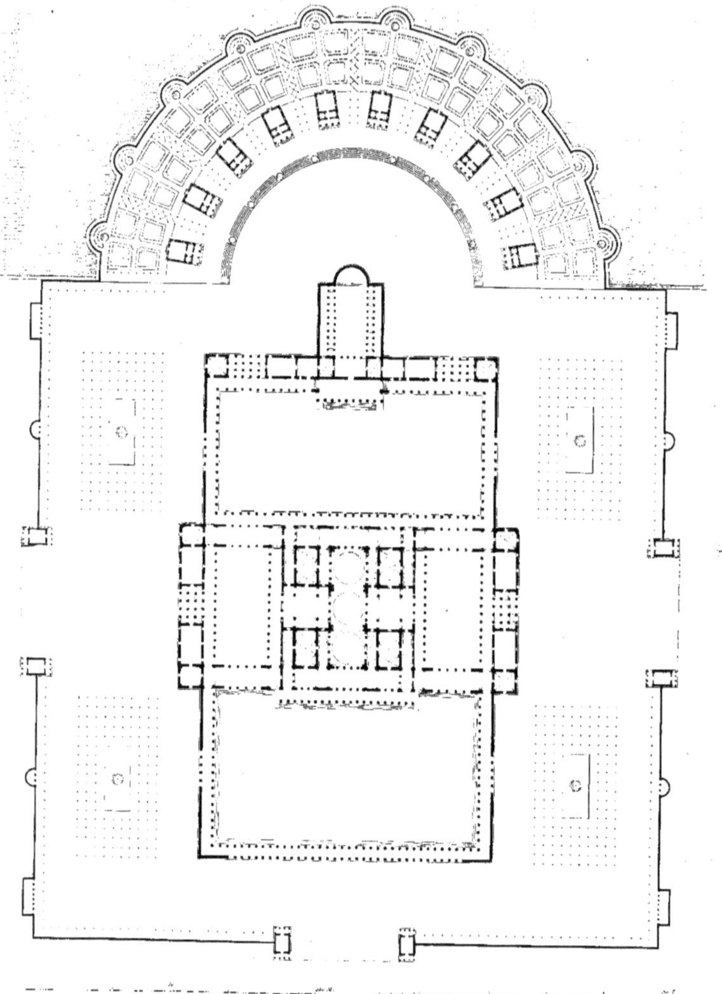

Plan d'un Péristile, Prix d'émulation remporté par Gisors en Vendémiaire An 9 — 1800
PROGRAMME. on demande un Tribunal de Cassation, un appartement magnifique pour y recevoir et traiter les Ambassadeurs, un bâtiment propre a entretenir aux frais du Gouvernement
Dix Citoyens qui par des services éclatans auraient mérité cette récompense, des jardins et de Vastes espaces découverts et environnés de Peristiles pour y donner des fêtes

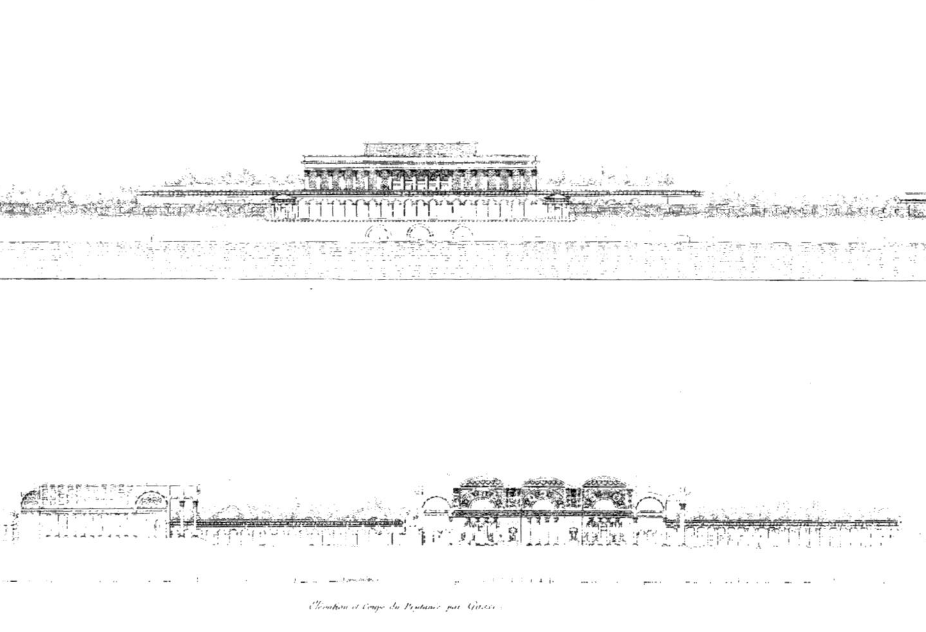

Élévation et Coupe du Pantheon par Girault

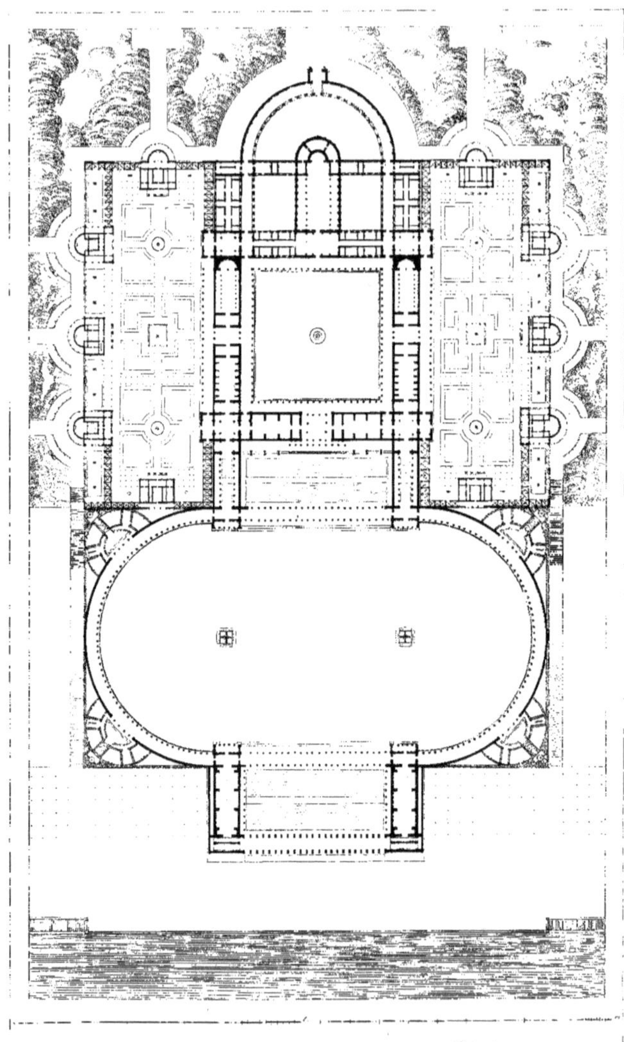

Plan général du programme deuxième prix d'émulation composé par L'abadie.

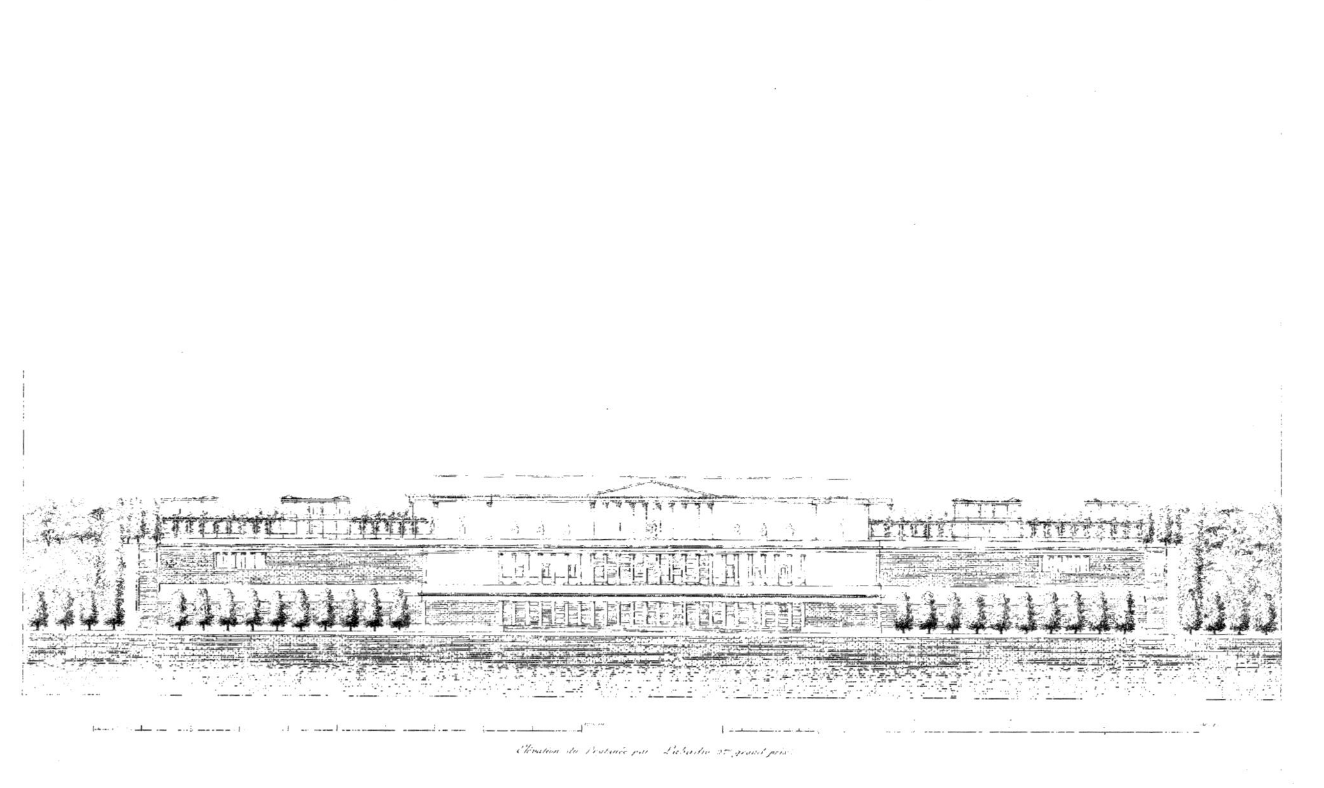

Élévation de l'entrée par Labrouste 2ᵉ grand prix

Coupe de l'Orangerie par l'atelier 2.me [illegible]

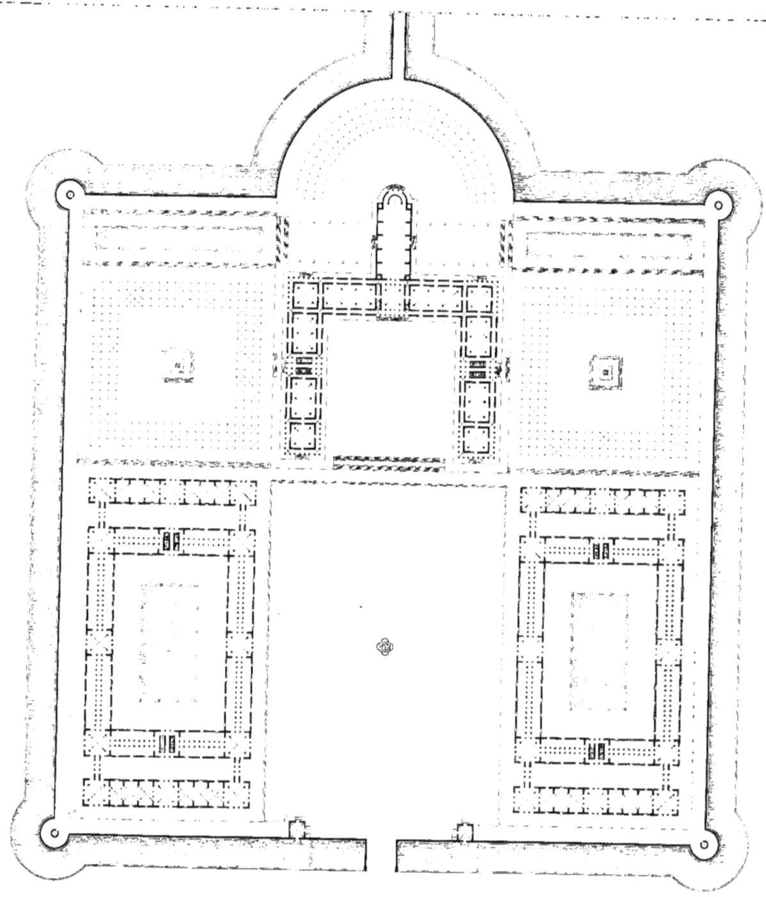

PROJET d'un Arsenal... un terrain de terre, sur le bord d'une Rivière navigable. Il se... un corps de bâtiment principal qui comprendra...

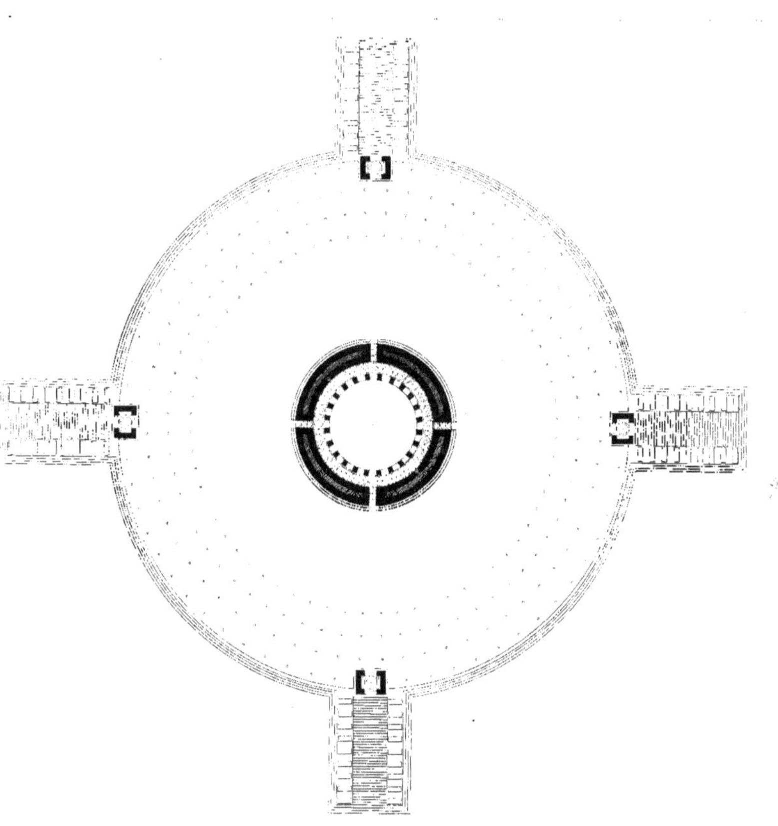

PROGRAME.

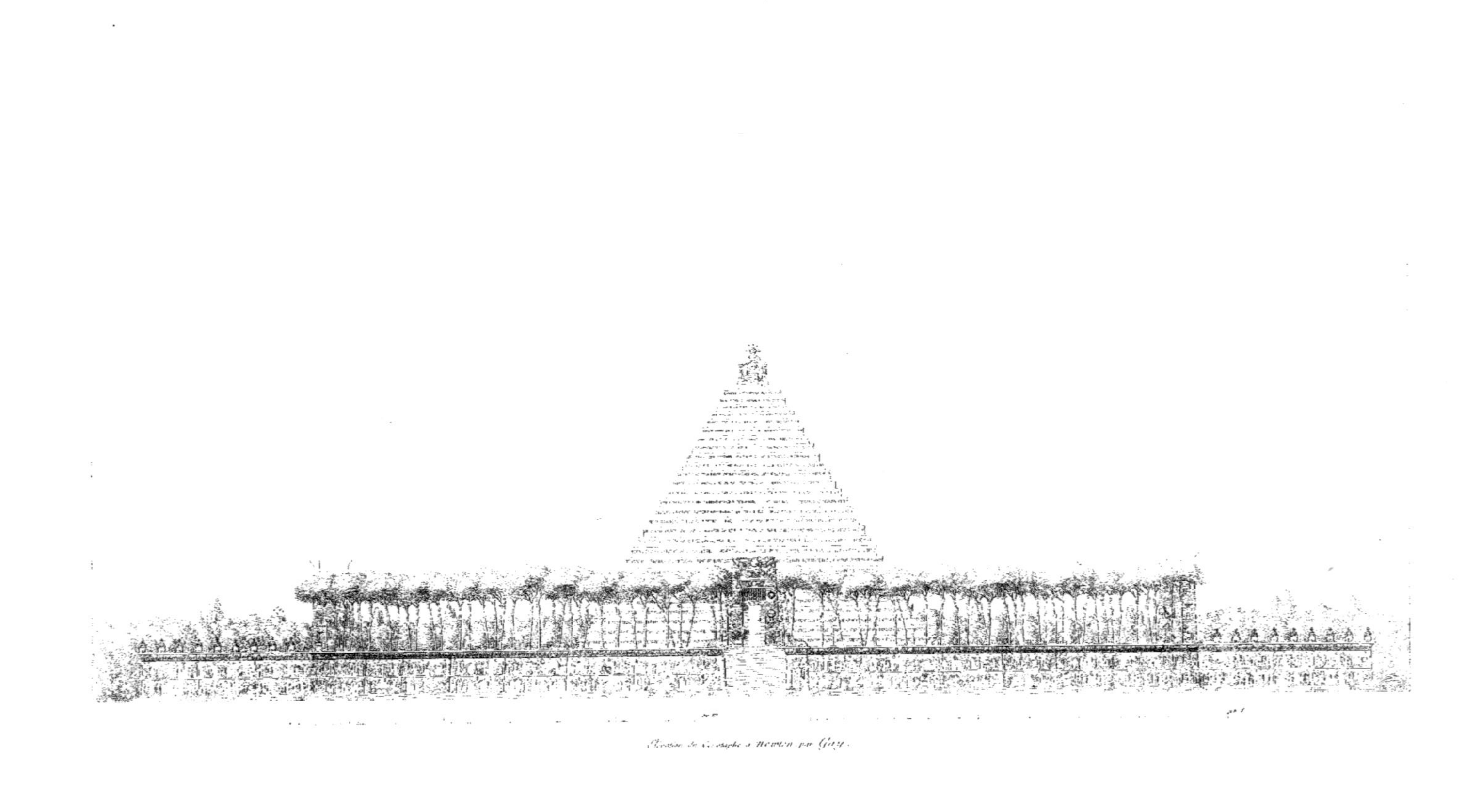

Élévation du Cénotaphe à Newton par Gay.

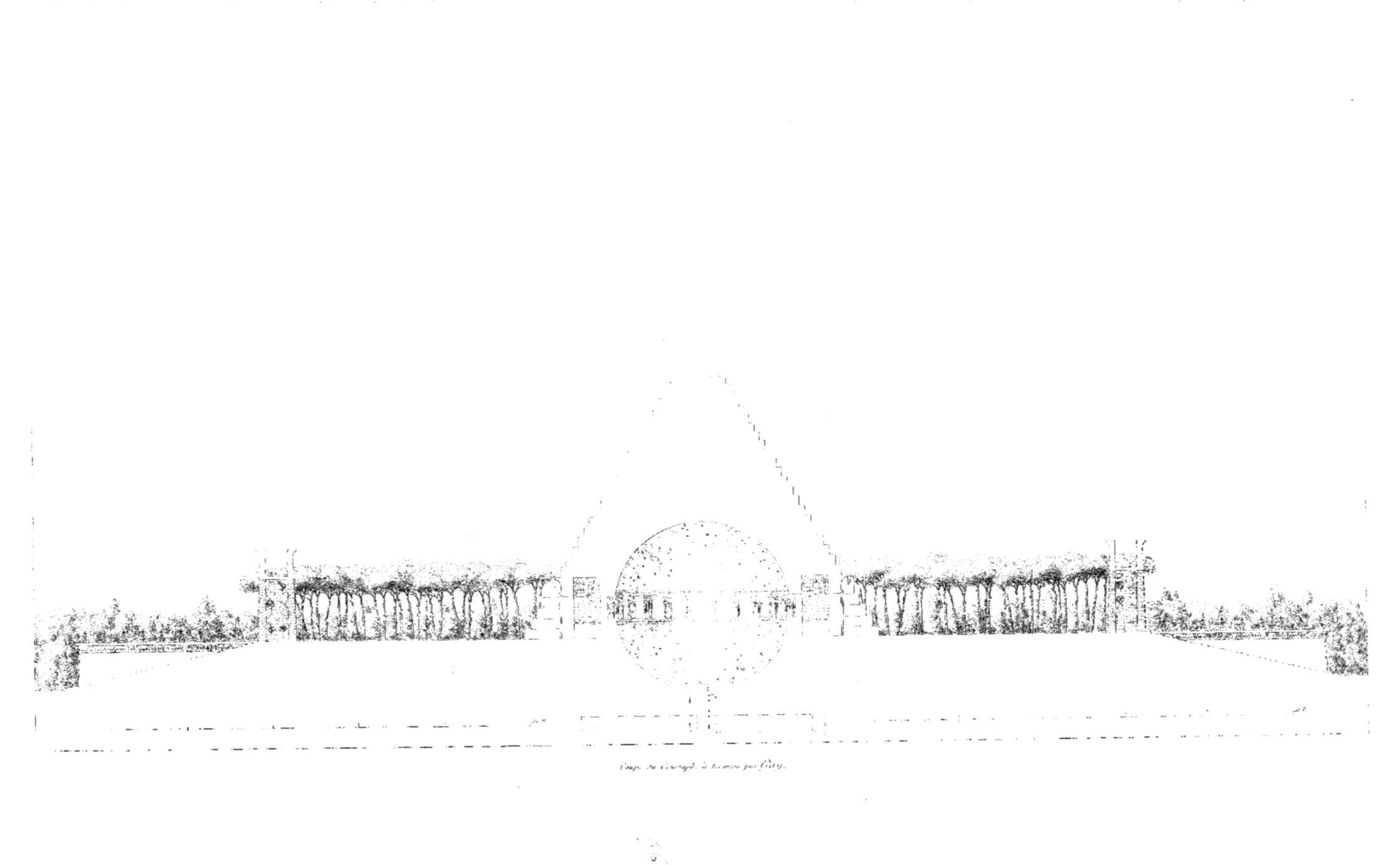

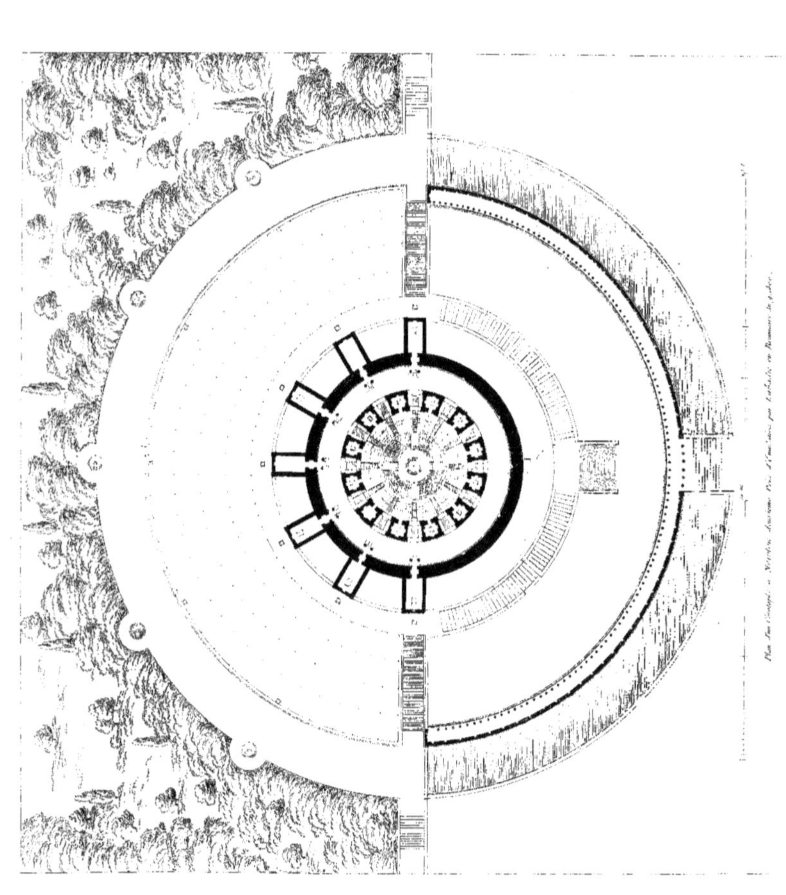

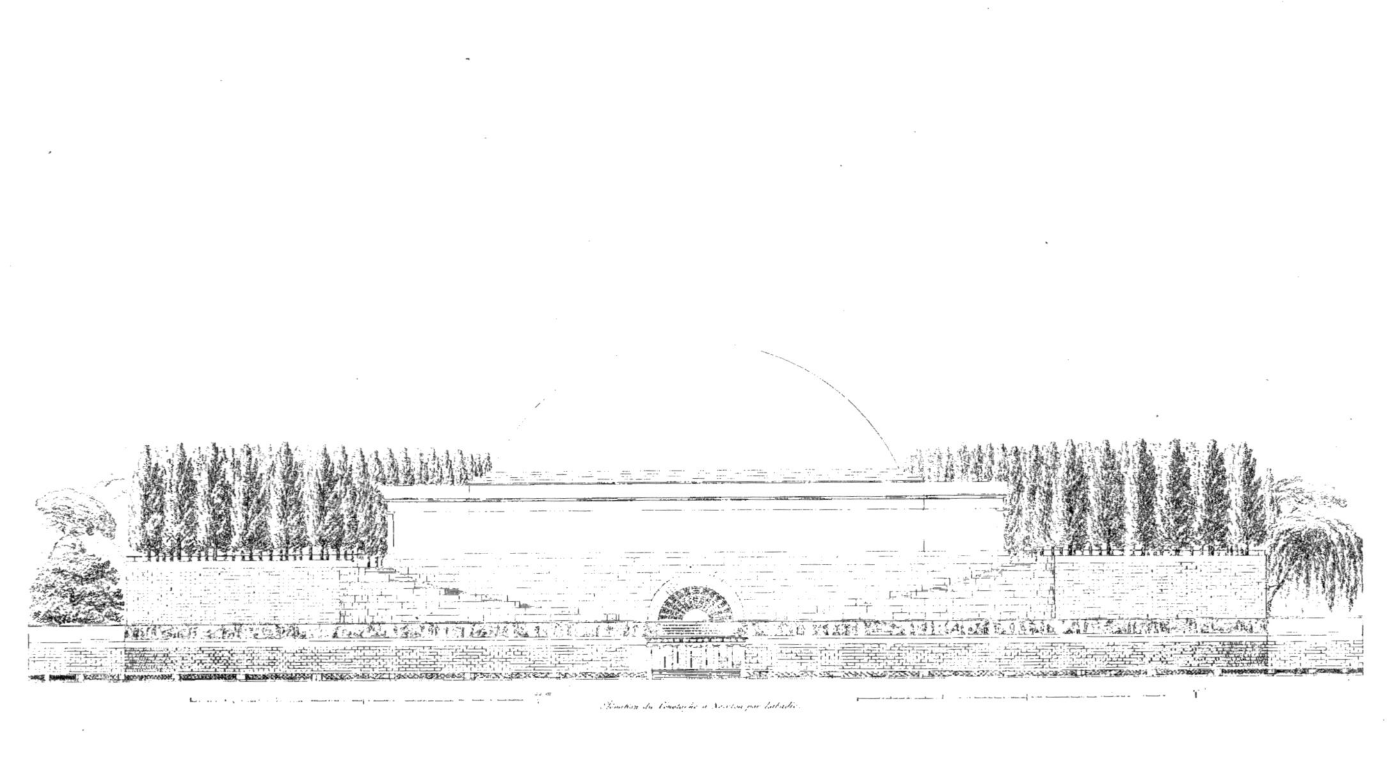

Élévation du Cimetière à Newton par Labadie.

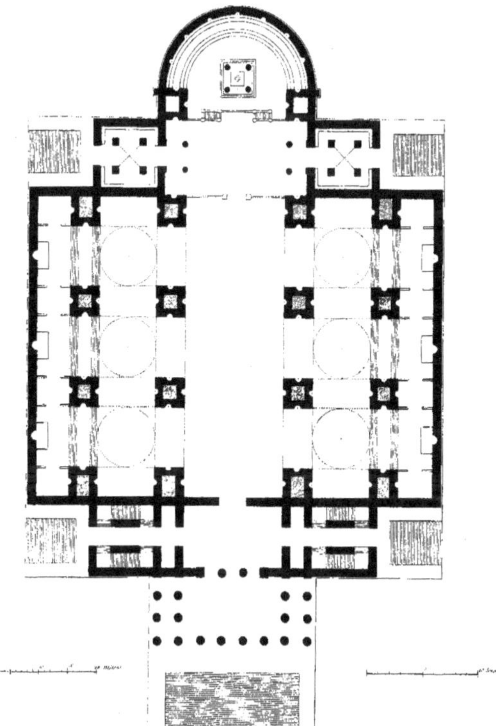

PROGRAME

On demande une Basilique pour une Ville Capitale; On évitera d'y projeter un Dôme, l'expérience ayant fait reconnoitre les divers inconveniens qu'entrainent ces sortes de Constructions, mais pour que l'édifice s'annonce au loin, On élevera deux tours à son frontispice. cette Basilique est supposée élevée sur une place publique et isolée de toutes parts. sa plus grande dimension n'excédera pas 100 mètres.

Façade de la Basilique ou Temple de ... par Lebrun.

Coupe de la Basilique ou Temple chrétien par Lebrun.

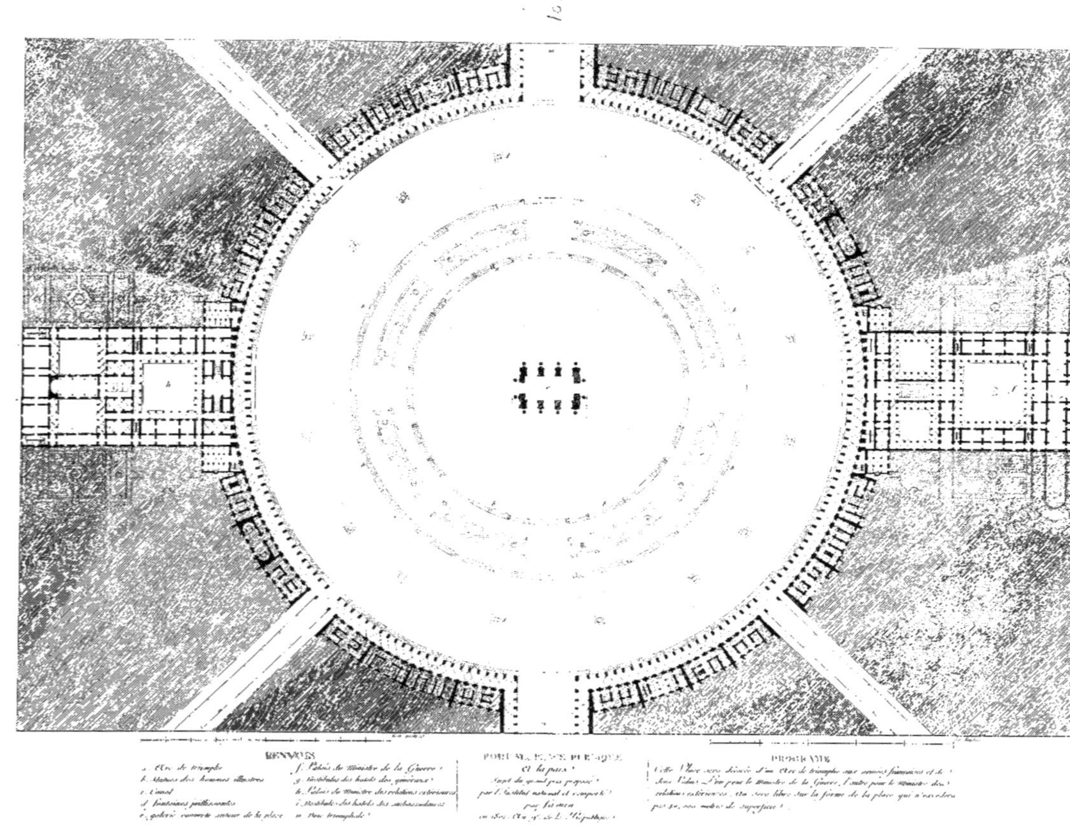
RENVOIS
a. Arc de triomphe
b. Statues des hommes illustres
c. Canal
d. fontaines jaillissantes
e. galerie couverte autour de la place
f. Palais du ministre de la Guerre
g. Vestibules des hôtels des généraux
h. Palais du ministre des relations extérieures
i. Vestibule des hôtels des ambassadeurs
m. Arc triomphale
POUR UNE PLACE PUBLIQUE
Et le pays
tiré du grand prix proposé
par l'Institut national et composé
par six mois
en 1801 (An 9) de la République
PROGRAMME
Cette Place sera décorée d'un Arc de triomphe aux armées françaises et de
deux Palais. L'un pour le ministre de la Guerre, l'autre pour le ministre des
relations extérieures. On sera libre sur la forme de la place qui n'excédera
pas ... mètres de superficie.

Élévation du forum par [illegible].

Élévation principale de l'arc de triomphe faisant partie du projet de forum par Firmin

Coupe et Élévation latérale de l'arc de triomphe faisant partie du projet de forum par Piranesi

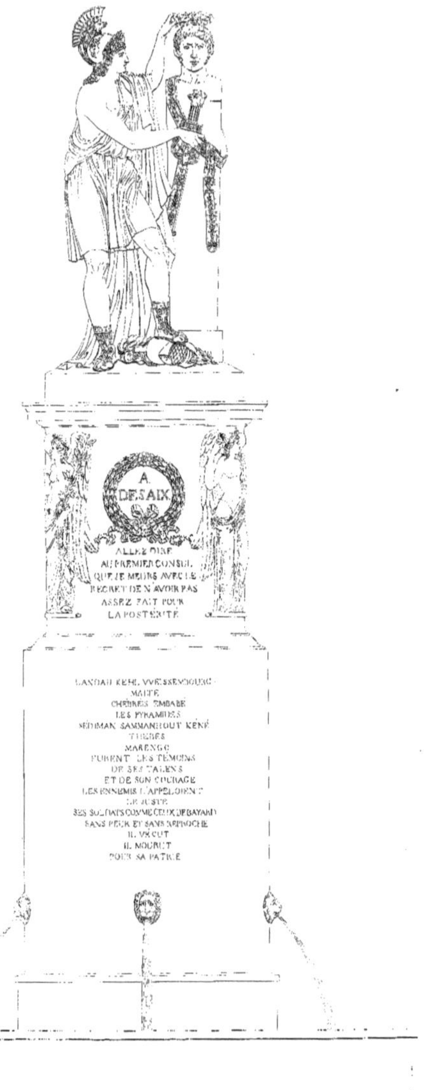

Monument à la mémoire du Général Desaix, 1.er prix obtenu dans un concours public par C. Percier en l'an 9 ... été érigé à Paris sur la place Thionville ... La sculpture est exécutée par Moreau

Bas-relief qui décore le Piédestal du monument.

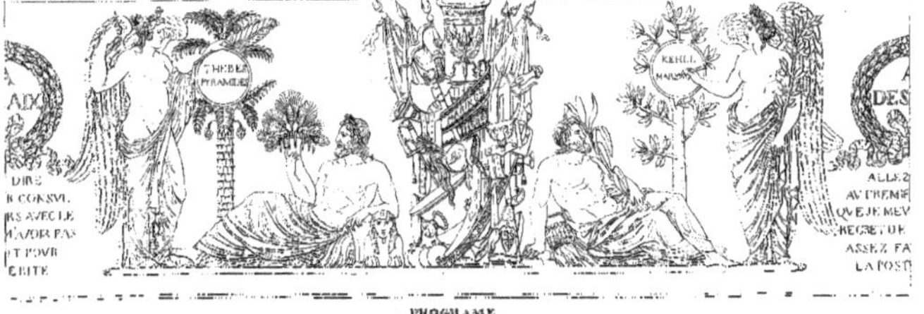

PROGRAME

Le sujet proposé est une fontaine publique destinée par son ensemble et par ses ornemens à rappeller les circonstances
les plus mémorables de la vie du héros que la france regrette. la Dépense ne pourra excéder vingt-cinq mille francs

Monument à la mémoire du Général Desaix, 2.me prix
obtenu par Barthelemy Vignon en l'an 9. 1801.

A LA MEMOIRE DE DESAIX

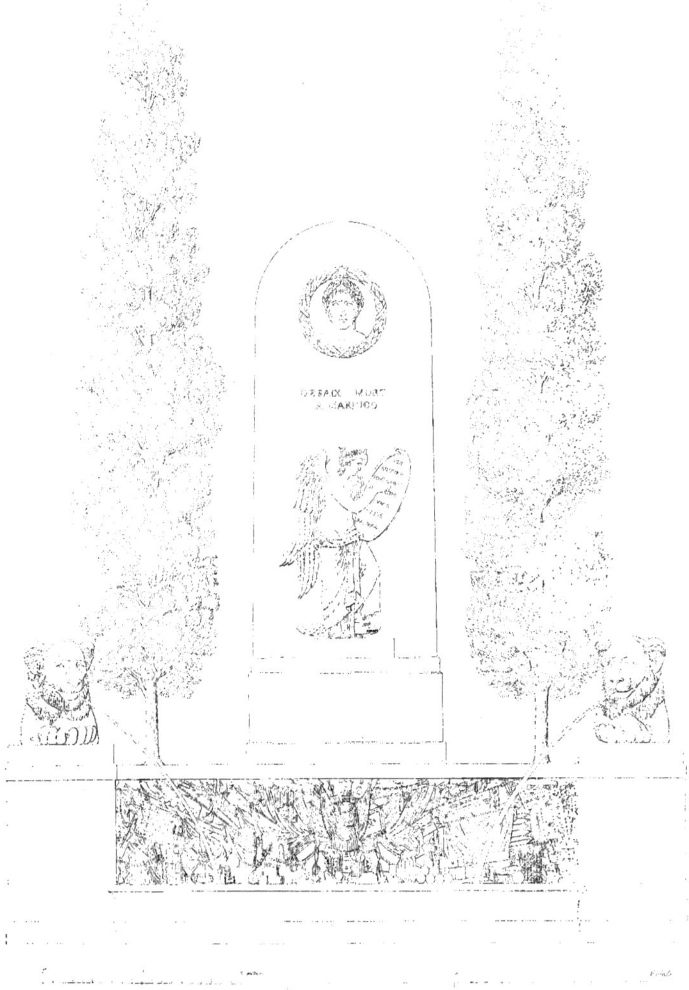

Monument à la mémoire de Desaix.

3e prix obtenu par feu [illegible]

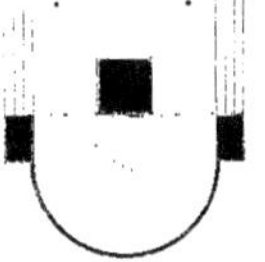

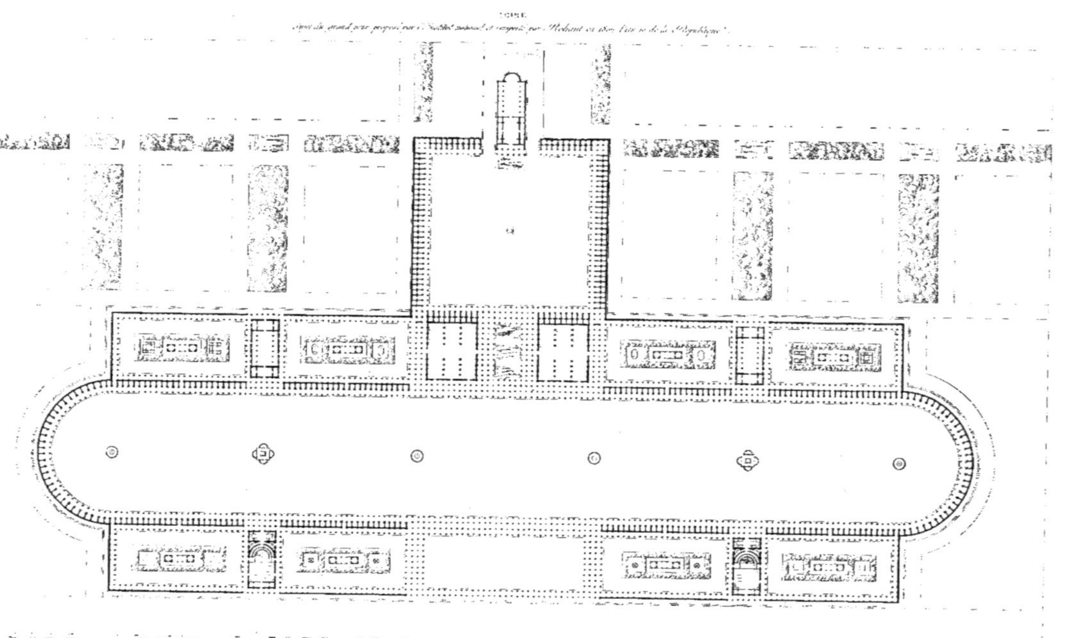
FOIRE
Plan du grand parc proposé par l'Institut national et rempli par Molinos en l'an 10 de la République.
PROGRAMME
On demande une foire dans une grande ville et située sur les bords d'un fleuve. Il y aura un local particulier pour l'Exposition
des productions de l'industrie nationale, les boutiques nécessaires aux marchands, des dépôts et magasins, une salle de réunion
pour le corps spécial et des bureaux, l'enclos dessous des salles de spectacle et des corps de garde.

Élévation générale et profil de la même direction et se font par Robinette.

coupe de la foire par Rabaut

113

Plan d'un Port de Navigation intérieure. Sujet de grand prix proposé par l'Institut et remporté sur l'objet en l'an 1803.

PROGRAMME. On demande un Port destiné à recevoir plusieurs canaux de Navigation intérieure, dans l'enceinte duquel seroit placé un Monument de reconnaissance, à la gloire du premier Consul. Ce Port ne doit être engagé par aucun côté du côté de la Rivière, mais il pourra être borné du côté opposé par des bâtimens à l'usage du Commerce, comme Douanes, Bourses, Halles, Bureaux de perception, Maisons d'habitation, Portiques &c. Il doit être en outre abordé par de grandes routes et de belles promenades; dans le lieu le plus apparent sera placé le Monument. L'étendue n'excédera pas un arpent de superficie.

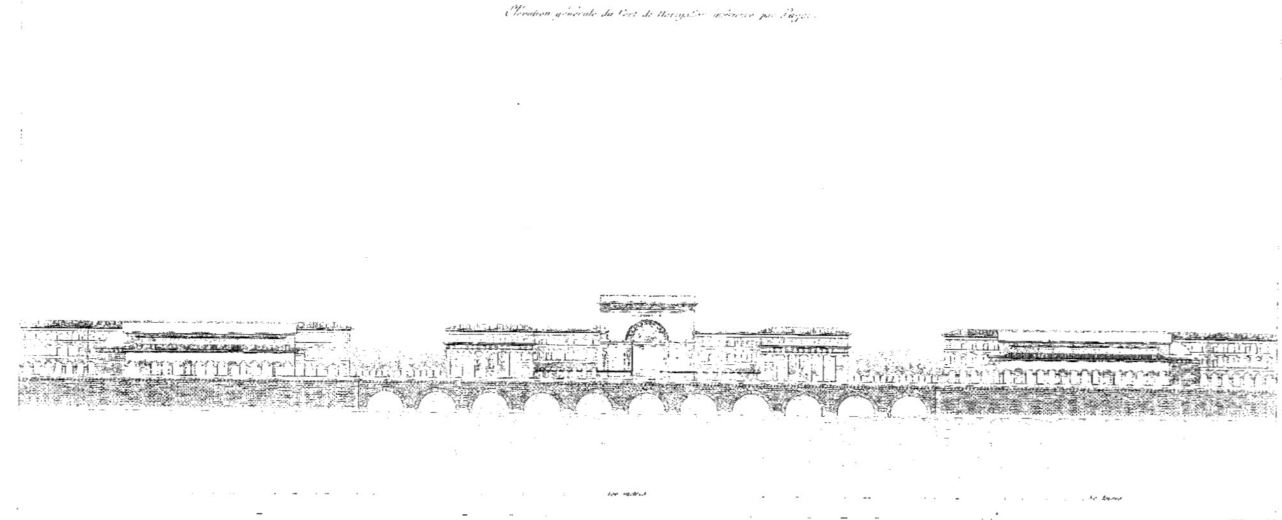

Élévation générale du Pont de [illegible] proposée par l'auteur.

Coupe générale du Port de Navigation intérieure par Pigot.

L'Exécution du Monument faisait partie du projet de Port de navigation intérieure, par l'auteur.

Coupe du Monument faisant partie du Port de Montpellier intérieur, par Viguet.

ÉTABLISSEMENT

DE SIX FAMILLES.

Projet de grand prix proposé par l'Institut et remporté par Gauthier en l'an 11... 1808.

PROGRAMME.

Dans un Triangle isocèle de 200 mètres de base et 300 mètres de côté, on demande, pour six familles opulentes qui se réunissent dans le vue de cultiver et d'encourager les lettres et les arts, un Édifice commun et un salon commun et pièces accessoires. En outre six Maisons pour chacune de ces familles, avec basses-cours, remises, cours et jardins particuliers. Ces maisons seront disposées de manière à ce qu'il y ait communication générale ou particulière. L'Architecture doit en être simple et noble.

On recommande un emploi mesuré des colonnes.

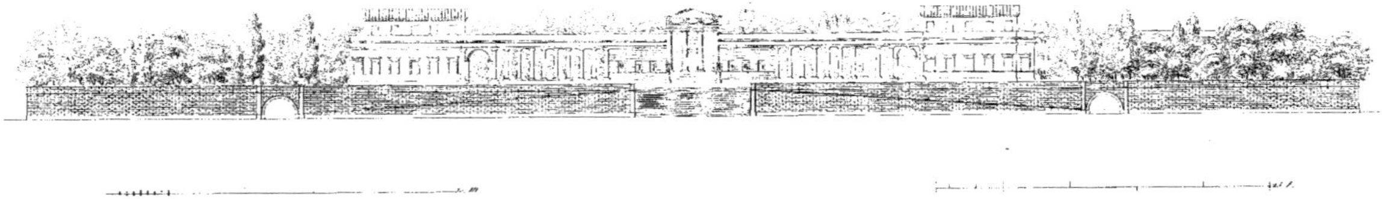

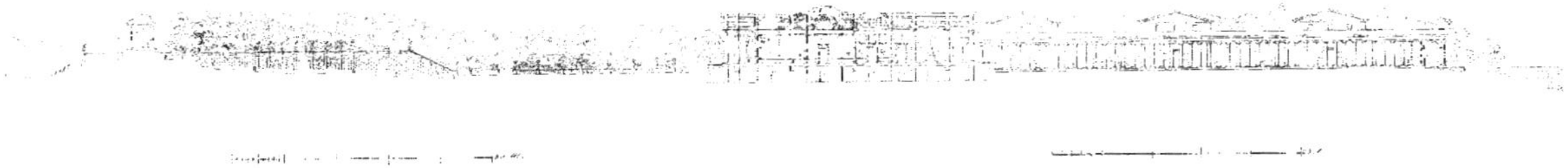

Élévation et coupe du Projet de six Maisons réunies par [illegible] — [illegible] Prix.